# SIGMUND FREUD

# O MÉTODO DE INTERPRETAÇÃO DOS SONHOS

## A análise de uma amostra onírica

*Tradução do alemão de* RENATO ZWICK
*Revisão técnica e prefácio de* TANIA RIVERA
*Ensaio biobibliográfico de* PAULO ENDO *e* EDSON SOUSA

www.lpm.com.br

**L&PM** POCKET

# COLEÇÃO 96 PÁGINAS

## Coleção **L&PM** POCKET, vol. 1094

Texto de acordo com a nova ortografia.

Título original do ensaio: *Die Methode der Traumdeutung – Die Analyse eines Traummusters*

"O método de interpretação dos sonhos" foi extraído do livro *A interpretação dos sonhos*, disponível na Coleção L&PM POCKET, em formato 14x21cm e na Série Ouro.

Primeira edição na Coleção **L&PM** POCKET: julho de 2017

*Tradução*: Renato Zwick
*Revisão técnica e prefácio*: Tania Rivera
*Ensaio biobibliográfico*: Paulo Endo e Edson Sousa
*Preparação*: Caroline Chang
*Revisão*: Patrícia Yurgel e Lia Cremonese
*Capa*: Ivan Pinheiro Machado. *Foto*: Sigmund Freud (1921). Akg-Images/Latinstock

CIP-Brasil. Catalogação na fonte
Sindicato Nacional dos Editores de livros, RJ

---

F942m

Freud, Sigmund, 1856-1939
  O método de interpretação dos sonhos / Sigmund Freud; tradução do alemão de Renato Zwick; revisão técnica e prefácio de Tania Rivera; ensaio biobibliográfico de Paulo Endo e Edson Sousa. – Porto Alegre, RS: L&PM, 2017.
  96 p. : 18 cm.    (Coleção L&PM POCKET; v. 1094)

  Tradução do ensaio: *Die Methode der Traumdeutung – Die Analyse eines Traummusters*
  ISBN 978-85-254-2854-7

  1. Sonhos. 2. Interpretação de sonhos. I. Título. II. Série.

13-1674.                              CDD: 154.63
                                      CDU: 159.964.2

---

© da tradução, ensaios e notas, L&PM Editores, 2012.

Todos os direitos desta edição reservados a L&PM Editores
Rua Comendador Coruja, 314, loja 9 – Floresta – 90220-180
Porto Alegre – RS – Brasil / Fone: 51.3225.5777

Pedidos & Depto. comercial: vendas@lpm.com.br
Fale conosco: info@lpm.com.br
www.lpm.com.br

Impresso na Gráfica e Editora Pallotti, Santa Maria, RS, Brasil
Inverno de 2017

# Sumário

Itinerário para uma leitura de Freud – *Paulo Endo e Edson Souza* .................. 5

Prefácio – *Tania Rivera*................ 21

O método de interpretação dos sonhos: A análise de uma amostra onírica ............ 43

Colaboradores desta edição ..................... 93

# Itinerário para uma leitura de Freud

*Paulo Endo e Edson Sousa*

Freud não é apenas o pai da psicanálise, mas o fundador de uma forma muito particular e inédita de produzir ciência e conhecimento. Ele reinventou o que se sabia sobre a alma humana (a psique), instaurando uma ruptura com toda a tradição do pensamento ocidental, a partir de uma obra em que o pensamento racional, consciente e cartesiano perde seu lugar exclusivo e egrégio. Seus estudos sobre a vida inconsciente, realizados ao longo de toda a sua vasta obra, são hoje referência obrigatória para a ciência e para a filosofia contemporâneas. A sua influência no pensamento ocidental é não só incontestável como não cessa de ampliar seu alcance, dialogando com e influenciando as mais variadas áreas do saber, como a filosofia, as artes, a literatura, a teoria política e as neurociências.

Sigmund Freud (1856-1939) nasceu em Freiberg (atual Příbor), na região da Morávia, hoje parte da República Tcheca, mas àquela época parte do Império Austríaco. Filho de Jacob Freud e de sua terceira esposa, Amália Freud, teve nove irmãos – dois do primeiro casamento do pai e sete do casamento entre seu pai e sua mãe. Sigmund era o filho mais velho de oito irmãos e era sabidamente adorado pela mãe, que o chamava de "meu Sigi de ouro".

Em 1860, Jacob Freud, comerciante de lãs, mudou-se com a família para Viena, cidade onde Sigmund Freud residiria até quase o fim da vida, quando teria de se exilar em Londres, fugindo da perseguição nazista. De família pobre, formou-se em medicina em 1882. Devido a problemas financeiros, decidiu ingressar imediatamente na clínica médica em vez de se dedicar à pesquisa, uma de suas grandes paixões. À medida que se estabelecia como médico, pôde pensar em propor casamento para Martha Bernays. Casaram-se em 1886 e tiveram seis filhos: Mathilde, Martin, Oliver, Ernst, Sophie e Anna.

Embora o pai tenha lhe transmitido os valores do judaísmo, Freud nunca seguiu as tradições e os costumes religiosos; ao mesmo tempo, nunca deixou de se considerar um judeu. Em algumas ocasiões, atribuiu à sua origem judaica o fato de resistir aos inúmeros ataques que a psicanálise sofreu desde o início (Freud aproximava a hostilidade sofrida pelo povo judeu ao longo da história às críticas virulentas e repetidas que a clínica e a teoria psicanalíticas receberam). A psicanálise surgiu afirmando que o inconsciente e a sexualidade eram campos inexplorados da alma humana, na qual repousava todo um potencial para uma ciência ainda adormecida. Freud assumia, assim, seu propósito de remar contra a maré.

Médico neurologista de formação, foi contra a própria medicina que Freud produziu sua primeira ruptura epistêmica. Isto é: logo percebeu que as pacientes histéricas, afligidas por sintomas físicos sem causa aparente, eram, não raro, tratadas com indiferença médica e negligência no ambiente hospitalar. A histeria pedia, portanto, uma nova inteligibilidade, uma nova ciência.

A característica, muitas vezes espetacular, da sintomatologia das pacientes histéricas de um lado e, de outro, a impotência do saber médico diante desse fenômeno impressionaram o jovem neurologista. Doentes que apresentavam paralisia de membros, mutismo, dores, angústia, convulsões, contraturas, cegueira etc. desafiavam a racionalidade médica, que não encontrava qualquer explicação plausível para tais sintomas e sofrimentos. Freud então se debruçou sobre essas pacientes; porém, desde o princípio buscava as raízes psíquicas do sofrimento histérico e não a explicação neurofisiológica de tal sintomatologia. Procurava dar voz a essas pacientes e ouvir o que tinham a dizer, fazendo uso, no início, da hipnose como técnica de cura.

Em 1895, é publicado o artigo inaugural da psicanálise: *Estudos sobre a histeria*. O texto foi escrito com o médico Josef Breuer (1842-1925), o primeiro parceiro de pesquisa de Freud. Médico vienense respeitado e erudito, Breuer reconhecera em Freud um jovem brilhante e o ajudou durante anos, entre 1882 e 1885, inclusive financeiramente. *Estudos sobre a histeria* é o único material que escreveram juntos e já evidencia o distanciamento intelectual entre ambos. Enquanto Breuer permanecia convicto de que a neurofisiologia daria sustentação ao que ele e Freud já haviam observado na clínica da histeria, Freud, de outro modo, já estava claramente interessado na raiz sexual das psiconeuroses – caminho que perseguiu a partir do método clínico ao reconhecer em todo sintoma psíquico uma espécie de hieróglifo. Escreveu certa vez: "O paciente tem sempre razão. A doença não deve ser para ele um objeto de desprezo, mas, ao contrário, um adversário respeitável, uma parte do seu ser que tem boas razões de existir e que lhe deve permitir obter ensinamentos preciosos para o futuro".

Em 1899, Freud estava às voltas com os fundamentos da clínica e da teoria psicanalíticas. Não era suficiente postular a existência do inconsciente, uma vez que muitos outros antes dele já haviam se referido a esse aspecto desconhecido e pouco frequentado do psiquismo humano. Tratava-se de explicar seu dinamismo e estabelecer as bases de uma clínica que tivesse o inconsciente como núcleo. Há o inconsciente, mas como ter acesso a ele?

Foi nesse mesmo ano que Freud finalizou aquele que é, para muitos, o texto mais importante da história da psicanálise: *A interpretação dos sonhos*. A edição, porém, trazia a data de 1900. Sua ambição e intenção ao alterar a data de publicação era a de que esse trabalho figurasse como um dos mais importantes do século XX. De fato, *A interpretação dos sonhos* é hoje um dos mais relevantes textos escritos no referido século, ao lado de *A ética protestante e o "espírito" do capitalismo*, de Max Weber, *Tractatus Logico-Philosophicus*, de Ludwig Wittgenstein, e *Origens do totalitarismo*, de Hannah Arendt.

Nesse texto, Freud propõe uma teoria inovadora do aparelho psíquico, bem como os fundamentos da clínica psicanalítica, única capaz de revelar as formações, tramas e expressões do inconsciente, além da sintomatologia e do sofrimento que correspondem a essas dinâmicas. *A interpretação dos sonhos* revela, portanto, uma investigação extensa e absolutamente inédita sobre o inconsciente. Tudo isso a partir da análise e do estudo dos sonhos, a manifestação psíquica inconsciente por excelência. Porém, seria preciso aguardar um trabalho posterior para que fosse abordado o papel central da sexualidade na formação dos sintomas neuróticos.

Foi um desdobramento necessário e natural para Freud a publicação, em 1905, de *Três ensaios sobre a teoria da sexualidade*. A apresentação plena das suas hipóteses fundamentais sobre o papel da sexualidade na gênese da neurose (já noticiadas nos *Estudos sobre a histeria*) pôde, enfim, vir à luz, com todo o vigor do pensamento freudiano e livre das amarras de sua herança médica e da aliança com Breuer.

A verdadeira descoberta de um método de trabalho capaz de expor o inconsciente, reconhecendo suas determinações e interferindo em seus efeitos, deu-se com o surgimento da clínica psicanalítica. Antes disso, a nascente psicologia experimental alemã, capitaneada por Wilhelm Wundt (1832-1920), esmerava-se em aprofundar exercícios de autoconhecimento e autorreflexão psicológicos denominados de introspeccionismo. A pergunta óbvia elaborada pela psicanálise era: como podia a autoinvestigação esclarecer algo sobre o psiquismo profundo tendo sido o próprio psiquismo o que ocultou do sujeito suas dores e sofrimentos? Por isso a clínica psicanalítica propõe-se como uma fala do sujeito endereçada à escuta de um outro (o psicanalista).

A partir de 1905, a clínica psicanalítica se consolidou rapidamente e se tornou conhecida em diversos países, despertando o interesse e a necessidade de traduzir os textos de Freud para outras línguas. Em 1910, a psicanálise já ultrapassara as fronteiras da Europa e começava a chegar a países distantes como Estados Unidos, Argentina e Brasil. Discípulos de outras partes do mundo se aproximavam da obra freudiana e do movimento psicanalítico.

Desde muito cedo, Freud e alguns de seus seguidores reconheceram que a teoria psicanalítica tinha um alcance capaz de iluminar dilemas de outras áreas do conhecimento além daqueles observados na clínica. Um dos primeiros textos fundamentais nessa direção foi *Totem e tabu: algumas correspondências entre a vida psíquica dos selvagens e a dos neuróticos*, de 1913. Freud afirmou que *Totem e tabu* era, ao lado de *A interpretação dos sonhos*, um dos textos mais importantes de sua obra e o considerou uma contribuição para o que ele chamou de psicologia dos povos. De fato, nos grandes textos sociais e políticos de Freud há indicações explícitas a *Totem e tabu* como sendo ponto de partida e fundamento de suas teses. É o caso de *Psicologia das massas e análise do eu* (1921), *O futuro de uma ilusão* (1927), *O mal-estar na cultura* (1930) e *O homem Moisés e a religião monoteísta* (1939).

O período em que Freud escreveu *Totem e tabu* foi especialmente conturbado, sobretudo porque estava sendo gestada a Primeira Guerra Mundial, que eclodiria em 1914 e duraria até 1918. Esse episódio histórico foi devastador para Freud e o movimento psicanalítico, esvaziando as fileiras dos pacientes que procuravam a psicanálise e as dos próprios psicanalistas. Importantes discípulos freudianos, como Karl Abraham e Sándor Ferenczi, foram convocados para o front, e a atividade clínica de Freud foi praticamente paralisada, o que gerou dissabores extremos à sua família devido à falta de recursos financeiros. Foi nesse período que Freud escreveu alguns dos textos mais importantes do que se costuma chamar a primeira fase da psicanálise (1895-1914). Esses trabalhos foram por ele intitulados de "textos sobre a metapsicologia", ou textos sobre a teoria psicanalítica.

Tais artigos, inicialmente previstos para perfazerem um conjunto de doze, eram parte de um projeto que deveria sintetizar as principais posições teóricas da ciência psicanalítica até então. Em apenas seis semanas, Freud escreveu os cinco artigos que hoje conhecemos como uma espécie de apanhado denso, inovador e consistente de metapsicologia. São eles: "Pulsões e destinos da pulsão", "O inconsciente", "O recalque", "Luto e melancolia" e "Complemento metapsicológico à doutrina dos sonhos". O artigo "Para introduzir o narcisismo", escrito em 1914, junta-se também a esse grupo de textos. Dos doze artigos previstos, cinco não foram publicados, apesar de Freud tê-los concluído: ao que tudo indica, ele os destruiu. (Em 1983, a psicanalista e pesquisadora Ilse Grubrich-Smitis encontrou um manuscrito de Freud, com um bilhete anexado ao discípulo e amigo Sándor Ferenczi, em que identificava "Visão geral das neuroses de transferência" como o 12º ensaio da série sobre metapsicologia. O artigo foi publicado em 1985 e é o sétimo e último texto de Freud sobre metapsicologia que chegou até nós.)

Após o final da Primeira Guerra e alguns anos depois de ter se esmerado em reapresentar a psicanálise em seus fundamentos, Freud publica, em 1920, um artigo avassalador intitulado *Além do princípio do prazer*. Texto revolucionário, admirável e ao mesmo tempo mal aceito e mal digerido até hoje por muitos psicanalistas, desconfortáveis com a proposição de uma pulsão (ou impulso, conforme se preferiu na presente tradução) de morte autônoma e independente das pulsões de vida. Nesse artigo, Freud refaz os alicerces da teoria psicanalítica ao propor novos fundamentos para a teoria das pulsões. A primeira teoria das pulsões apresentava duas energias psíquicas como sendo a base da dinâmica do psiquismo: as pulsões do eu e as pulsões de objeto. As pulsões do eu ocupam-se em dar ao eu proteção, guarida e satisfação das necessidades elementares (fome, sede, sobrevivência, proteção contra intempéries etc.), e as pulsões de objeto buscam a associação erótica e sexual com outrem.

Já em *Além do princípio do prazer*, Freud avança no estudo dos movimentos psíquicos das pulsões. Mobilizado pelo tratamento dos neuróticos de guerra que povoavam as cidades europeias e por alguns de seus discípulos que, convocados, atenderam psicanaliticamente nas frentes de batalha, Freud reencontrou o estímulo para repensar a própria natureza da repetição do sintoma neurótico em sua articulação com o trauma. Surge o conceito de pulsão de morte: uma energia que ataca o psiquismo e pode paralisar o trabalho do eu, mobilizando-o em direção ao desejo de não mais desejar, que resultaria na morte psíquica. É provavelmente a primeira vez em que se postula no psiquismo uma tendência e uma força capazes de provocar a paralisia, a dor e a destruição.

Uma das principais consequências dessa reviravolta é a segunda teoria pulsional, que pode ser reencontrada na nova teoria do aparelho psíquico, conhecida como segunda tópica, ou segunda teoria do aparelho psíquico (ego, id e superego, ou eu, isso e supereu), apresentada no texto *O eu e o id*, publicado em 1923. Freud propõe uma instância psíquica denominada supereu. Essa instância, ao mesmo tempo em que possibilita uma aliança psíquica com a cultura, a civilização, os pactos sociais, as leis e as regras, é também responsável pela culpa, pelas frustrações e pelas exigências que o sujeito impõe a si mesmo, muitas delas inalcançáveis. Daí o mal-estar que acompanha todo sujeito e que não pode ser inteiramente superado.

Em 1938, foi redigido o texto *Compêndio de psicanálise*, que seria publicado postumamente em 1940. Freud pretendia escrever uma grande síntese de sua doutrina, mas faleceu em setembro de 1939, antes de terminá-la. O *Compêndio* permanece, então, como uma espécie de inacabado testamento teórico freudiano, indicando a incompletude da própria teoria psicanalítica que, desde então, segue se modificando, se refazendo e se aprofundando.

Curioso talvez que o último grande texto de Freud, publicado em 1939, tenha sido *O homem Moisés e a religião monoteísta*, trabalho potente e fundador que reexamina teses historiográficas basilares da cultura judaica e da religião monoteísta a partir do arsenal psicanalítico. Essa obra mereceu comentários de grandes pensadores contemporâneos como Josef Yerushalmi, Edward Said e Jacques Derrida, que continuaram a enriquecê-la, desvelando não só a herança judaica muito particular de Freud, por ele afirmada e ao mesmo tempo combatida, mas também o alcance da psicanálise no debate sobre os fundamentos da historiografia do judaísmo, determinante da constituição identitária de pessoas, povos e nações.

Esta breve anotação introdutória é certamente insuficiente, pois muito ainda se poderia falar de Freud. Contudo, esperamos haver, ao menos, despertado a curiosidade no leitor, que passará a ter em mãos, com esta coleção, uma nova e instigante série de textos de Freud, com tradução direta do alemão e revisão técnica de destacados psicanalistas e estudiosos da psicanálise no Brasil.

Ao leitor, só nos resta desejar boa e transformadora viagem.

# Prefácio

## *O sonho e o século*

### Tania Rivera

> A partir do momento em que sonho ao dormir, me é impossível esquecer que existo, que um dia já não existirei.
>
> Pierre Reverdy

O homem sonha. Mesmo que esqueça, ainda que não queira, até quando não sabe. O homem é aquele que sonha, parece afirmar Freud nesta que é considerada sua obra maior e que podemos tomar como inaugural tanto da psicanálise quanto, muito mais amplamente, do próprio século XX.

Publicada em novembro de 1899, mas trazendo a data de 1900, *A interpretação dos sonhos* parecia mesmo destinada a marcar o século vindouro. Ela apresenta a grande descoberta de Freud, uma dessas revelações que, segundo o autor, só acontecem uma vez na vida: o sonho pode ser interpretado, e sua interpretação mostra que ele consiste em uma realização de desejo. O sonho não é um fenômeno acessório ou aleatório, mas um importante e complexo trabalho psíquico. Seu mistério reside no fato de que ele distorce e disfarça o desejo que o impulsiona, com o objetivo de driblar a censura psíquica que se opõe à manifestação das representações ligadas a esse desejo.

Nos sonhos, vivemos, portanto, nossos desejos de modo disfarçado, graças à imobilidade motora e à retirada de interesse pelo mundo externo que caracterizam o estado de sono. Em contrapartida, o sonho é o guardião do sono, ele tenta impedir o despertar. Por isso ele incorpora estímulos externos, como a campainha de um despertador, por exemplo, a seu conteúdo onírico, tornando-os um elemento de sua narrativa (o dobrar de sinos ou a buzina de um carro, digamos).

A interpretação desfaz os disfarces e traz à tona a ligação entre o que aparece como absurdo ou alheio ao sonhador e a vida psíquica deste, fazendo surgirem sentidos em um sonho. O método freudiano consiste simplesmente em fazer com que o sonhador fale sobre o sonho. Isso significa aplicar ao sonho a regra de ouro da psicanálise, a associação livre de ideias – a célebre proposta de que se fale tudo o que vier à cabeça, sem censuras ou restrições. Em vez de um falatório sem nexo, essas associações revelam-se nada livres, mas firmemente ligadas a um encadeamento inconsciente, que a interpretação tenta reconstruir. Cada sonho traz em si, portanto, um gérmen de descoberta, que o trabalho interpretativo desdobra e faz florescer. Nunca, porém, de maneira unívoca e definitiva. A interpretação de um sonho é uma tarefa infinita, é sempre possível recomeçá-la em outra direção e chegar a outros sentidos para um mesmo elemento do sonho. Além disso, ela é interminável no sentido em que resta sempre algo obscuro e desconhecido – isso que Freud curiosamente chama de "umbigo do sonho", o ponto que nos suspende e detém, fazendo da experiência de interpretar mais um estranhamento do eu do que uma plena e racional conquista do inconsciente.

Por ela trazer de forma vívida tal estranhamento como cerne do inconsciente, Freud estava certo de que se tratava de uma teoria revolucionária, a melhor descoberta que teria feito e, como observa em carta a seu amigo Wilhelm Fliess, provavelmente a única que a ele sobreviveria. Em 1931 afirma, no prefácio à terceira edição inglesa do livro, que este "surpreendeu o mundo" quando de sua primeira publicação. Em 1911, contudo, usara a palavra "desprezo" para caracterizar a recepção dessa obra no ano de seu lançamento.

A reação imediata a ela não foi, de fato, muito calorosa. Dos seiscentos exemplares publicados em 4 de novembro de 1899, 123 serão vendidos em seis semanas, e 228 nos dois anos seguintes. Após dezoito meses, nenhuma resenha havia aparecido em periódicos científicos, e apenas duas em outras publicações – uma delas, em um jornal de Viena, era desdenhosa e parece ter derrubado as vendas na cidade. Apenas nove anos depois da primeira aparecerá a segunda edição, e a partir daí as coisas se precipitam: a terceira edição é necessária menos de dois anos mais tarde. Apesar das dificuldades trazidas pela Primeira Guerra Mundial, em 1918 já se preparava a quinta edição do livro. Algumas traduções já haviam então sido feitas, a começar, em 1913, pelo russo e pelo inglês.

Para o próprio Freud, *A interpretação dos sonhos* aparece como o mais firme pilar da teoria psicanalítica. No seu famoso capítulo VII são apresentadas as noções fundamentais que fundam a metapsicologia, a teoria que ele não cessará de modificar ao longo de quase quarenta anos de escritos. Ali serão introduzidos conceitos nucleares da psicanálise, como a distinção entre inconsciente, pré-consciente e consciente como diferentes registros psíquicos. É também na *Interpretação* que vemos surgir o complexo de Édipo, ainda não caracterizado como um "complexo", mas já claramente delineado, no capítulo V, pelo recurso à grande tragédia de Sófocles *Édipo Rei*, e confirmado pelo *Hamlet* de Shakespeare.

Além de consistir na pedra fundamental da psicanálise como teoria do homem e não apenas como método de tratamento de distúrbios neuróticos, *A interpretação dos sonhos* já mostra o grande talento de Freud como escritor, o estilo fluido e agradável que em 1930 o fará receber o prêmio Goethe da cidade de Frankfurt pelo valor tanto científico quanto literário do conjunto da sua obra. Onde a tradução disponível ao leitor brasileiro recobria a poesia original do texto freudiano com um tom científico enxertado pela versão para o inglês de James Strachey, a elegante e fluida tradução de Renato Zwick para esta edição restitui o ritmo coloquial e o charme ao mesmo tempo íntimo e discreto da escrita de Freud.

## *O sonho, a análise, o sujeito*

Desde bastante jovem Freud interessava-se por seus sonhos, afirmava sonhar muito e costumava registrar suas produções oníricas em um caderno, que infelizmente não foi conservado. O *insight* que lhe revelou como interpretar sonhos aconteceu no verão de 1895 nos arredores de Viena, em Bellevue, onde passava o verão com a família e teve o chamado "sonho da injeção de Irma", que se mostrará como uma realização de desejo. Em Bellevue talvez um dia haja uma placa, escreve Freud em tom jocoso a Fliess, indicando que ali "o segredo dos sonhos foi revelado ao Dr. Sigmund Freud em 24 de julho de 1895".[1] Confirmando a previsão freudiana, uma placa semelhante encontra-se hoje, de fato, nesse local.

A ideia de escrever um livro sobre os sonhos data de maio de 1897, pouco antes de Freud iniciar o que ele chama de sua "autoanálise", realizada por meio da interpretação de seus próprios sonhos. Vivia então um período de grande sofrimento, com momentos que nomeia como depressão e com sintomas formando um quadro que qualifica de histeria. A partir de julho de 1897, começa a analisar seus sonhos de forma sistemática e frequentemente relatada a Fliess. Por esse claro endereçamento, costuma-se considerar que o amigo adorado teria ocupado para Freud uma posição próxima daquela do analista, já que é impossível

---

[1]. As cartas citadas podem ser encontradas em Jeffrey Masson (org.), *Correspondência completa de Sigmund Freud para Wilhelm Fliess*. Rio de Janeiro: Imago, 1986.

realizar um processo analítico sem transferência, ou seja, sem o apelo a um outro que encarne as figuras essenciais de sua história.

Em *A interpretação dos sonhos*, temos, portanto, a imbricação fundamental entre os achados da (auto)análise de Freud e suas hipóteses teóricas. Tratamento e teoria andam de mãos dadas numa grande aventura da qual *A interpretação dos sonhos* é uma espécie de livro de bordo. É como um passeio na floresta – não sem perigos, entende-se – que ele descreve a Fliess a estrutura do livro: no início estaria uma escura floresta, cheia de impasses (o capítulo I, que traz um extenso levantamento bibliográfico sobre o tema do sonho segundo outros autores). Nos capítulos seguintes, o leitor seria conduzido por um caminho oculto que corresponderia à coleção de sonhos de Freud, com suas "indiscrições" e suas "más piadas", para enfim encontrar "as elevações, a perspectiva e a indagação: 'Aonde você quer ir a partir daqui?'."

A maior parte dos numerosos sonhos nele interpretados é do próprio autor e corresponde àqueles ocorridos durante sua autoanálise. Com exceção de um sonho de sua infância, todos os demais se deram entre 1895 e 1899. Mesmo que as associações de Freud nunca estejam, por óbvios motivos de discrição, expostas na íntegra, temos aí um importante documento clínico. Disso decorre, provavelmente, a força que o autor lhe atribui. Freud confessa que muitas vezes teve dúvidas a respeito da psicanálise durante os longos anos em que foi lidando com os problemas das neuroses. Nessas ocasiões, foi sempre *A interpretação dos sonhos* que lhe devolveu a segurança. A teoria não se alicerça sobre um método *a priori* nem sobre outras teorias, tampouco se confirma diretamente nos resultados clínicos de sua aplicação. A teoria psicanalítica tem como base sutil, e no entanto firme e segura, nada menos que a trajetória de análise de um sujeito, graças ao estranhamento que seus sonhos lhe proporcionam. Freud, o criador da psicanálise, obviamente não contava com outro analista para realizar sua trajetória de análise pessoal, o que faz da sua a única "autoanálise" possível. Cada analista deverá, recorrendo a outros analistas, retomar e refazer de modo próprio, em sua formação, esta articulação fundamental entre a sua vida e a teoria.

Neste livro, Freud evita apoiar seus achados em sonhos de seus pacientes, para impedir que eles sejam ligados a condições anormais de funcionamento psíquico. Por ser universal, o sonho representa uma ponte fundamental entre as doenças neuróticas, em cujo tratamento surge o método freudiano, e os fenômenos psíquicos ditos "normais". Esta via será explorada pelo autor, nos anos subsequentes à escrita de *A interpretação dos sonhos*, com o estudo dos atos falhos, esquecimentos e chistes. A psicanálise põe assim em questão a existência de uma nítida distinção entre o normal e o patológico, mostrando que todo funcionamento psíquico está fundado em um conflito fundamental, uma divisão do eu constitutiva do ser humano.

Ao interpretar seus sonhos, Freud expõe seus próprios conflitos e desejos de maneira corajosa porém cuidadosa, deixando muitas vezes lacunas e reticências. As revelações de sua autoanálise em geral devem ser buscadas nas entrelinhas, nas lacunas, o que faz deste um texto múltiplo, que demanda e permite – assim como o sonho – várias leituras, engajando o leitor a fazer o seu próprio trajeto na "floresta" freudiana.

Apenas dois meses depois de iniciada sua autoanálise, Freud aprende com seus sonhos que estava errado em sua "teoria da sedução", segundo a qual a criança que posteriormente desenvolveria uma neurose teria sofrido abuso sexual por parte do genitor. Ele se surpreende com o fato de que tantos adultos – inclusive seu próprio pai – devessem ser considerados perversos. Além disso, sua análise mostra que a ficção tem, no inconsciente, o mesmo valor que a realidade, e, portanto, a ideia de uma sedução por parte do pai poderia corresponder à fantasia da criança em relação a ele. É sobre esse terreno que *A interpretação dos sonhos* lança as bases do "complexo de Édipo", conceito fundamental que aponta como núcleo da estruturação subjetiva os desejos e as rivalidades, as escolhas e as identificações que a criança vive na relação com seus pais ou com aqueles que ocupam para ela tais papéis.

Ao longo de muitas reedições, entre 1908 e 1930, Freud se preocupa em manter este livro atualizado em relação a suas descobertas posteriores, inserindo trechos – alguns curtos, outros bastante extensos – e notas variadas (como esta edição tem o cuidado de indicar pelo uso da barra vertical na margem e pela datação ao final do trecho ou da nota). É de se estranhar, contudo, que ele deixe de trazer justamente sua mais importante revisão quanto à questão do sonho, aquela realizada em 1920 no texto *Além do princípio do prazer*. A partir da consideração do pesadelo, ele defenderá nessa obra que há no sonho um funcionamento pulsional anterior à realização de desejo: aquele da compulsão à repetição ligada à pulsão de morte.[2] O funcionamento psíquico visaria, originalmente, a repetir a cena traumática de modo a encená-la ativamente, e não mais a sofrê-la passivamente.

Se o sonho é, portanto, antes de se tornar encenação do desejo, uma encenação do

---

2. Prefiro manter o termo *pulsão*, consagrado pelo uso e claro em sua diferença quanto ao termo *instinto*, mesmo que a opção editorial tenha sido a de verter *Trieb* por *impulso* na presente edição.

trauma, devemos atribuir-lhe um papel central na elaboração psíquica. Esse é um ponto muito interessante e pouco explorado da teoria, mas não cabe aqui levá-lo adiante. Me limitarei a indicar que talvez Freud não acrescente ao texto de 1900 as inovações teóricas a respeito da pulsão de morte simplesmente porque já se tratava nele fundamentalmente desta encenação do trauma. Tal encenação é quase explícita na indicação de uma "cena infantil" que buscaria sempre se reapresentar, mas deve se contentar com sua repetição como sonho (como indica Freud no capítulo VII). Sonhamos, a cada noite, a mesma cena marcante de nossa infância, a cada vez refeita, remontada, modificada seguindo as linhas de força do desejo.

A repetição e a remontagem, ou seja, a *encenação* do trauma (um acidente de trem, por exemplo) pelo pesadelo visaria, a partir de um assujeitamento mortífero a um terrível acontecimento externo, a engatar uma posição de sujeito desejante, ou seja, de um sujeito capaz de lidar com essas marcas de modo a fazê-las suas, podendo até mesmo vir a desejar repeti-las. O sonho seria, nessa perspectiva, a "via régia" para o inconsciente (como gostava de dizer Freud) porque permite que *se crie o inconsciente* ao encenar o trauma. Como dizíamos no início deste texto, o homem é aquele que sonha – ou seja, ele é sujeito do inconsciente. Ou ainda, para empregar a célebre frase de Shakespeare no quarto ato de *A tempestade*: "Somos da mesma matéria de que são feitos os sonhos".

## *Freud e Fliess*

Em 1908, no prefácio à segunda edição do livro, Freud assume que este foi parte de sua autoanálise e sublinha também que consistiria numa reação à morte de seu pai, "ou seja, ao acontecimento mais significativo, à perda mais incisiva, na vida de um homem". Tendo este luto como pano de fundo, *A interpretação dos sonhos* sugere uma narrativa implícita na qual Freud tomaria o lugar de Édipo e o de Hamlet. Seja como for, é certo que na relação com Fliess ele revive os principais conflitos que trata em sua análise.

Com ele, vive a transformação de uma ligação afetiva extraordinariamente forte em uma inimizade extrema por um homem, o que já manifestara anteriormente (com seu mentor e protetor Joseph Breuer) e não deixaria de reapresentar mais tarde, especialmente com seu discípulo Carl Gustav Jung.

Fliess era autor de uma especulação fabulosa ligando a sexualidade ao funcionamento do nariz, enfatizando a bissexualidade como universal e jogando numericamente com ciclos de 23 e 28 dias de modo esotérico – se não delirante. Ele morava em Berlim e tinha com Freud encontros regulares, muitas vezes para o que nomeavam como seus "congressos" a dois, em cidades distintas daquelas onde residiam. Durante toda a década de 1890 foi este amigo o principal "público" e o grande encorajador do psicanalista, que sofria em Viena uma situação de inconstância financeira, isolamento intelectual e falta de reconhecimento por seus pares – devido, em parte, ao fato de que estes repudiavam o papel que concedia à sexualidade na causalidade das neuroses e, em outra, à relativa segregação que essa cidade já dedicava aos judeus. A consideração aparentemente "científica" que Fliess dava à sexualidade sem dúvida atraiu o psicanalista, de início. Ernst Jones, seu biógrafo oficial, vê como extraordinária a intensa dependência de Freud em relação a um pensador tão claramente inferior a ele, e considera as trocas entre os dois homens, mais do que um real diálogo, dois monólogos que se alternavam.

No momento em que publica o que ele chamava seu "livro dos sonhos", já estava a caminho a ruptura definitiva com Fliess. Em lugar do "sonho da injeção de Irma", o autor contava usar outra produção sua como "sonho modelo", mas o amigo o impediu por achar que esta expunha excessivamente a relação entre os dois. Em 1902 eles romperão definitivamente e será formada, por Freud e outros médicos interessados em suas ideias, a chamada "Sociedade da reunião das quartas-feiras".

## *O sonho e a arte*

O grande feito de *A interpretação dos sonhos* não consiste em dar importância ao sonho e reconhecer nele alguma verdade. Isso sempre esteve presente na cultura – é desnecessário mencionar o poder de predizer o futuro ou o valor oracular a ele atribuído na Antiguidade, ou ainda o elogio que lhe dedica o Romantismo. A atribuição de um poder preditivo sobreviveu aos séculos e mesmo em nossos dias é possível encontrar, em livrarias ou bancas de jornais, códigos para a tradução de símbolos oníricos. *A interpretação dos sonhos* é um marco na história da cultura por conceber um sofisticado modo de funcionamento psíquico que se subtrai às modalidades de racionalidade até então vigentes na filosofia e na ciência. Ao "penso, logo existo" de Descartes, a psicanálise retrucaria que "sonho, logo *ex-isto* (existo fora de mim)".

O sonho é o arauto de tal estranhamento – esse seria o principal motivo para considerá-lo a "via régia" para o inconsciente.

A psicanálise é ao mesmo tempo a teoria do homem assim descentrado e uma prática terapêutica de descentramento. Mas tal vacilação na posição do homem não é uma exclusividade dessa disciplina. Pelo contrário, é importante sublinhar que a psicanálise surge no campo ampliado de produções culturais que suscitam e exploram tal vacilação. Nesse campo, tomam posição de destaque as artes e a literatura, e especialmente as rupturas vividas na virada do século XIX para o século XX no domínio das artes visuais (com o surgimento do cinema e da arte moderna, ambos recortando e fragmentando o espaço da representação) e das letras (a partir de Mallarmé e seu descentrado e multívoco *Lance de dados*), para se espraiar nas experimentações das primeiras décadas do século XX.

Não é de se estranhar, portanto, que a abordagem freudiana do sonho forneça uma importante base para um movimento como o surrealista, que já se encantava com o fato de o poeta Saint-Pol Roux pendurar toda noite à sua porta o aviso: "O poeta está trabalhando".

O poeta francês André Breton, que em sua concepção do surrealismo se apropria explicitamente do pensamento freudiano, pergunta em seu Manifesto de 1924: "Quando teremos lógicos e filósofos dormentes?".[1] A lógica e a filosofia sonhadoras são, sem dúvida, a poesia e a arte. E a psicanálise, em certa medida – na medida exata em que o sonho lhe dá seu fundamento.

Pode-se sem dúvida rastrear uma influência direta de *A interpretação dos sonhos* no mundo da arte e da literatura. Os escritores surrealistas fazem do escrito uma espécie de sonho (e às vezes chegam a apresentar o relato de seus sonhos como obras). Além disso, pintores como Max Ernst e Salvador Dalí trazem para as telas uma atmosfera onírica. Mas tudo isso é secundário diante do fato de a literatura e as artes compartilharem com o trabalho do sonho uma importante operação crítica sobre a representação. O sonho é tomado por Freud como pictograma – escrita em imagens –, como um rébus, uma charada

---

[1]. André Breton, "Manifesto do surrealismo", in *Manifestos do surrealismo*. Rio de Janeiro: Nau, 2001, p. 25.

que põe em jogo a linguagem, decompondo o signo de maneira a desdobrá-lo em uma notável plurivocidade e assim colocar em questão a dimensão da significação. A linguagem, no trabalho do sonho e na interpretação que visa a refazê-lo, é densa, literal e cheia de nós e "umbigos", pontos cegos que desafiam e vão além da significação para nos atingir como verdadeiros acontecimentos, exatamente como na poesia e na arte. As experimentações do século XX – dos poemas compostos de fonemas sem significado ao *Finnegans Wake* de James Joyce; de Paul Cézanne afirmando que a natureza está no interior até o cubo negro de sete palmos de lado que o escultor americano Tony Smith manda construir em 1957 por telefone e intitula *Die (Morra)* – realizam explorações que põem em crise, de maneira análoga, o campo da representação e da linguagem em prol de um forte e poético estranhamento do sujeito.

Todo sonho tem algo de poesia, e toda poesia, toda arte, talvez se aproxime do sonho, nesse sentido. O primeiro é radicalmente singular, enquanto os demais formam um campo que se define pelo compartilhamento de uma transformação da linguagem capaz de alterar o homem e o mundo. Em ambos ocorre algo, se explicita um acontecimento em geral sorrateiro, do qual fala o verso de Louis Aragon no poema "Les yeux d'Elsa": "Há sempre um sonho que vela".

Entre os sonhos noturnos e as fantasias pelas quais o sonho se dissemina ao longo de nossos dias, a leitura de *A interpretação dos sonhos* convida a uma aventura muito atual e sempre arriscada: a do encontro com a estranheza de si mesmo.

# O método de interpretação dos sonhos: A análise de uma amostra onírica

O título que dei ao meu tratado revela a que tradição na concepção dos sonhos eu gostaria de dar continuidade. Propus-me a demonstrar que eles são passíveis de interpretação, e as contribuições para o esclarecimento dos problemas oníricos de que acabamos de tratar serão apenas um ganho acessório eventual na execução de minha verdadeira tarefa. Com a hipótese de que os sonhos são interpretáveis, entro de imediato em contradição com a teoria dos sonhos dominante e, na verdade, com todas as teorias do sonho exceto a de Scherner, pois "interpretar um sonho" significa indicar o seu "sentido", substituí-lo por alguma coisa que se encaixe como um elo de mesmo peso e de mesmo valor no encadeamento de nossas ações psíquicas. Mas, como vimos, as teorias científicas do sonho não deixam espaço para um problema de interpretação, pois para elas o sonho não é de forma alguma um ato psíquico, e sim um processo somático que se manifesta por sinais no aparelho psíquico. A opinião dos leigos, em todas as épocas, foi diferente. Ela faz uso do seu justo direito de proceder de maneira inconsequente e, embora admita que o sonho seja incompreensível e absurdo, não consegue se decidir a lhe negar todo significado. Guiada por um pressentimento obscuro, ela parece supor que o sonho tem um sentido – ainda que oculto –, que a sua finalidade é substituir um outro processo de pensamento e que se trata apenas de descobrir acertadamente esse substituto para chegar ao significado oculto do sonho.

Por isso, o mundo leigo se esforçou desde sempre em "interpretar" o sonho, empregando para tanto dois métodos diferentes em sua essência. O primeiro desses procedimentos tem em vista o conteúdo onírico como um todo e procura substituí-lo por um outro conteúdo, compreensível e em certo sentido análogo. Essa é a interpretação *simbólica* dos sonhos; naturalmente, ela fracassa desde o princípio com aqueles sonhos que se mostram não apenas incompreensíveis, mas também confusos. Um exemplo de seu procedimento é dado pela interpretação que o José bíblico deu ao sonho do faraó. Sete vacas gordas seguidas por sete vacas magras que devoram as primeiras é um substituto simbólico para a profecia de sete anos de fome que devoram toda a fartura produzida por sete anos férteis na terra do Egito. A maioria dos sonhos artificiais criados por escritores é destinada a essa interpretação simbólica, pois eles reproduzem o pensamento do autor sob um disfarce que é inventado para se adaptar às características dos sonhos que conhecemos pela experiência.[1] A opinião de que os

---

1. Numa novela de W. Jensen, *Gradiva*, descobri por acaso vários sonhos artificiais construídos de maneira perfeitamente correta e que podiam ser interpretados como se não tivessem sido inventados, mas sonhados por pessoas reais. Questionado por mim, o escritor confirmou que não tomara conhecimento de minha teoria dos sonhos. Aproveitei essa concordância entre minha investigação e a sua criação como prova do acerto de minha análise dos sonhos. (*A loucura e os sonhos em "Gradiva", de W. Jensen*, Freud, 1907 *a*.)

sonhos se ocupam predominantemente com o futuro, cuja configuração preveem – um vestígio da importância profética que lhes era concedida no passado –, transforma-se então em motivo para deslocar ao futuro, mediante um "acontecerá", o sentido encontrado pela interpretação simbólica.

Naturalmente, não é possível ensinar a encontrar o caminho para essa interpretação simbólica. O êxito depende de um lampejo espirituoso, da intuição súbita, razão pela qual a interpretação dos sonhos por meio do simbolismo foi capaz de se elevar à categoria de uma arte que parecia ligada a um talento especial.[2] O outro método popular de interpretação dos sonhos se mantém completamente afastado dessa pretensão. Poderíamos chamá-lo de "método de decifração", visto que trata o sonho como uma espécie de escrita cifrada em que cada signo é traduzido por outro de sig-

---

2. Aristóteles afirmou que o melhor intérprete de sonhos é aquele que melhor apreende semelhanças, pois as imagens oníricas, como as imagens na água, são distorcidas pelo movimento, e aquele que é capaz de reconhecer o verdadeiro na imagem distorcida obtém os maiores êxitos (Büchsenschütz, 1868, p. 65).

nificado conhecido de acordo com uma chave fixa. Sonhei, por exemplo, com uma carta, mas também com um funeral e outras coisas do gênero; consulto um "livro de sonhos" e descubro que "carta" deve traduzir-se por "aborrecimento" e "funeral" por "noivado". Fica a meu critério, então, estabelecer um nexo entre as palavras-chave que decifrei, e também vou aceitar que ele se refere ao futuro. Uma variação interessante desse processo de decifração, que em alguma medida corrige seu caráter de tradução puramente mecânica, é apresentada na obra de Artemidoro de Daldis sobre a interpretação dos sonhos.[3]

---

3. Artemidoro de Daldis, nascido provavelmente no começo do século II de nossa era, nos legou o mais completo e mais cuidadoso estudo sobre a interpretação dos sonhos no mundo greco-romano. Ele dava importância, como T. Gomperz (1866) ressalta, em basear a interpretação de sonhos na observação e na experiência, e separava rigorosamente a sua arte de outras, enganosas. O princípio de sua arte interpretativa, segundo a exposição de Gomperz, é idêntico à magia, o princípio da associação. Um objeto onírico significa aquilo que ele lembra. Aquilo que lembra ao intérprete, bem entendido! Por isso, da circunstância de que o elemento onírico pode lembrar diversas coisas ao intérprete, e a cada intérprete coisas diferentes, resulta uma fonte de arbitrariedade e de incerteza que não pode ser controlada. A técnica que exponho nas páginas seguintes se afasta da técnica antiga no ponto essencial de (continua)

Nessa obra, não se leva em conta apenas o conteúdo onírico, e sim também a pessoa e suas condições de vida, de modo que o mesmo elemento onírico não tem para o rico, o casado ou o orador o mesmo significado que

> (cont.) impor o trabalho interpretativo à própria pessoa que sonha. Ela não pretende considerar as ideias que ocorrem ao intérprete, e sim aquelas que ocorrem à pessoa acerca do elemento onírico em questão. – Contudo, segundo relatos recentes do missionário Tfinkdji (1913), os intérpretes modernos do Oriente também dão grande importância à colaboração de quem sonhou. Ele afirma o seguinte sobre os intérpretes de sonhos entre os árabes da Mesopotâmia: "*Pour interpréter exactement un songe, les oniromanciens les plus habiles s'informent de ceux qui les consultent de toutes les circonstances qu'ils regardent nécessaires pour la bonne explication (...). En un mot, nos oniromanciens ne laissent aucune circonstance leur échapper et ne donnent l'interprétation désirée avant d'avoir parfaitement saisi et reçu toutes les interrogations désirables*". ["Para interpretar de maneira correta um sonho, os oniromantes mais hábeis se informam com o consulente a respeito de todas as circunstâncias que julgam necessárias para uma boa explicação (...). Numa palavra, nossos oniromantes não deixam escapar nenhuma circunstância e não dão a interpretação desejada antes de ter compreendido e assimilado perfeitamente todas as perguntas desejáveis." (N.T.)] Entre essas perguntas, normalmente se incluem aquelas que solicitam informações exatas sobre os parentes mais próximos (pais, mulher, filhos), assim como a fórmula típica: "*Habuistine in hac nocte copulam conjugalem ante vel post somnium?*". ["O senhor manteve relações sexuais com sua mulher antes ou depois do sonho?" (N.T.)] – "*L'idée dominante dans l'interprétation des songes consiste à expliquer le rêve par son opposé.*" ["A ideia dominante na interpretação dos sonhos consiste em explicar o sonho pelo seu oposto." (N.T.)]

para o pobre, o solteiro ou, por exemplo, o comerciante. O essencial nesse procedimento é que o trabalho interpretativo não é dirigido à totalidade do sonho, e sim a cada parte isolada do conteúdo onírico, como se o sonho fosse um conglomerado em que cada fragmento de rocha exigisse uma análise particular. Não há dúvida de que foram os sonhos desconexos e confusos que impulsionaram a criação do método de decifração.[4]

---

4. O dr. Alfred Robitsek chamou minha atenção para o fato de os livros orientais de sonhos, dos quais os nossos são deploráveis imitações, praticarem a interpretação dos elementos oníricos quase sempre de acordo com a homofonia e a semelhança das palavras. Visto que esses parentescos têm de se perder na tradução para a nossa língua, surge daí a incompreensibilidade das substituições em nossos "livros de sonhos" populares. – Sobre a extraordinária importância do jogo de palavras e do trocadilho nas antigas culturas orientais, é possível obter informações na obra de Hugo Winckler. – O mais belo exemplo de interpretação de um sonho que nos foi legado pela Antiguidade se baseia num trocadilho. Conta Artemidoro: "Parece-me, porém, que Aristandro também deu uma interpretação extremamente feliz a Alexandre da Macedônia quando este sitiava Tiro e, em razão do grande dispêndio de tempo, irritado e aflito, teve a impressão de ver um sátiro dançando em seu escudo; por acaso, Aristandro se achava nas proximidades de Tiro, no séquito do rei que guerreava os sírios. Ao decompor a palavra *sátiro* em σά e τυρος, ele conseguiu fazer com que o rei intensificasse o cerco, de modo a se tornar senhor da cidade". (Σὰ – Τύρος = Tiro é tua.) – Aliás, o sonho depende tão intimamente (continua)

Para a abordagem científica do tema, a inutilidade de ambos os procedimentos populares de interpretação dos sonhos não pode ser posta em dúvida por um momento sequer. O método simbólico é limitado em sua aplicação, não sendo suscetível a qualquer exposição geral. No caso do método de decifração, só importaria que a "chave", o livro de sonhos, fosse confiável, algo de que não há qualquer garantia. Estaríamos tentados a dar razão aos filósofos e psiquiatras e, juntamente com eles, eliminar o problema da interpretação dos sonhos como uma tarefa imaginária.[5]

No entanto, fui dissuadido dessa atitude. Tive de reconhecer que esse também é um daqueles casos nada raros em que uma crença popular antiquíssima, teimosamente

---

(cont.) da expressão linguística que Ferenczi afirmou com razão que cada língua tem a sua própria linguagem onírica. Via de regra, um sonho é intraduzível para outra língua e, por essa razão, segundo creio, também um livro como o presente. Não obstante, o dr. A.A. Brill, de Nova York, e outros depois dele, conseguiram fazer traduções de *A interpretação dos sonhos*.

5. Depois de concluir meu manuscrito, recebi uma obra de Stumpf (1899) que coincide com meu trabalho na intenção de provar que o sonho tem sentido e é interpretável. Porém, suas interpretações ocorrem por meio de um simbolismo alegorizante, sem garantia de universalidade do procedimento.

conservada, parece ter chegado mais perto da verdade das coisas do que o juízo da ciência hoje em vigor. Preciso afirmar que os sonhos de fato têm um significado e que é possível um procedimento científico para interpretá-los. Cheguei ao conhecimento desse método da seguinte maneira:

Há anos me ocupo da dissolução de certas formações psicopatológicas – fobias histéricas, ideias obsessivas etc. – com propósito terapêutico; quer dizer, desde que soube, por uma comunicação importante de Josef Breuer, que para essas formações, consideradas como sintomas mórbidos, dissolução e solução vêm a ser a mesma coisa.[6] Se conseguirmos explicar uma dessas representações patológicas pelos elementos dos quais se originou na vida psíquica do paciente, ela se desintegra, e ele se liberta dela. Dada a impotência de nossos esforços terapêuticos usuais, e diante do caráter enigmático desses estados, me pareceu tentador, apesar de todas as dificuldades, avançar pelo caminho aberto por Breuer até chegar a um

---

6. Breuer e Freud (1895 *d*).

esclarecimento completo. Noutro momento, terei ocasião de informar em detalhes sobre a forma finalmente assumida pela técnica do procedimento e sobre os resultados de meus esforços. Foi no decorrer desses estudos psicanalíticos que topei com a interpretação dos sonhos. Os pacientes que obriguei a me comunicarem as ideias e pensamentos que lhes ocorriam a propósito de um determinado tema me narraram seus sonhos e assim me ensinaram que estes podem ser inseridos no encadeamento psíquico a ser seguido retrospectivamente na memória a partir de uma ideia patológica. Era natural tratar o próprio sonho como um sintoma e aplicar-lhe o método de interpretação elaborado para os sintomas.

Para tanto, é necessária uma certa preparação psíquica do paciente. Esforçamo-nos por obter duas coisas dele: um aumento de atenção para suas percepções psíquicas e a suspensão da crítica com que costuma examinar os pensamentos que lhe ocorrem. Para a finalidade de se auto-observar com a atenção concentrada, é proveitoso que ele assuma uma posição de repouso e feche os olhos; é preciso impor-lhe expressamente a renúncia à crítica dos pensamentos observados. Nós lhe dizemos, portanto, que o êxito da psicanálise depende de ele levar tudo em conta e comunicar o que lhe vai pela mente, sem se deixar levar a reprimir ideias porque lhe parecem sem importância ou desligadas do tema ou ainda absurdas. Ele deve se comportar de maneira inteiramente imparcial em relação a suas ideias; pois, caso não consiga encontrar a solução que busca para o sonho, a ideia obsessiva etc., a responsável por isso será justamente a crítica.

Durante os trabalhos psicanalíticos, observei que a disposição psíquica do homem que reflete é muito diferente da do homem que observa seus processos psíquicos. Na reflexão, entra em cena uma ação psíquica a mais do que na mais atenta das auto--observações, como também demonstram a expressão tensa e a testa franzida da pessoa que reflete em oposição ao repouso mímico do auto-observador. Em ambos os casos deve haver uma concentração da atenção, mas a pessoa que reflete também exerce uma crítica devido à qual rejeita uma parte das ideias que lhe surgem depois de tê-las percebido; interrompe outras imediatamente, de modo que não segue os caminhos de pensamento que elas abririam; e, quanto a outras ainda, sabe se comportar de tal maneira que elas de forma alguma se tornam conscientes, ou seja, são reprimidas antes de sua percepção. O auto-observador, em compensação, apenas se esforça por reprimir a crítica; caso tenha êxito, vem à sua consciência um sem-número de ideias que de outro modo teriam permanecido inconcebíveis. Com ajuda desse material novo obtido para a autopercepção, é possível fazer a interpretação tanto das ideias patológicas quanto das formações oníricas. Como vemos, trata-se de produzir um estado psíquico que tem em comum com o estado que precede o adormecer (e certamente também com o estado hipnótico) uma certa analogia na divisão da energia psíquica (da atenção móvel). Durante o adormecer, as "representações involuntárias" vêm ao primeiro plano pela redução de uma certa atividade voluntária (e com certeza também crítica) que deixamos agir sobre o fluxo de nossas representações; como motivo dessa redução costumamos alegar "cansaço"; as representações involuntárias que surgem se transformam em imagens acústicas e visuais. (Ver as observações de Schleiermacher, entre outros, p. 66-68.)[7] No estado que utilizamos para a análise dos sonhos e das ideias patológicas, renunciamos intencional e voluntariamente a essa atividade, e empregamos a energia psíquica poupada (ou uma parte dela) na observação atenta dos pensamentos involuntários que então surgem e que conservam seu caráter de representações (essa é a diferença em relação ao estado de adormecimento). *Assim, transformamos as representações "involuntárias" em "voluntárias".*

Para muitas pessoas, não parece fácil adotar a atitude exigida em relação a ideias que parecem "emergir livremente" e renunciar à crítica de hábito praticada em relação a tais ideias. Os "pensamentos

---

7. Ao observar diretamente essa transformação das representações em imagens visuais, H. Silberer obteve contribuições importantes para a interpretação dos sonhos (1909, 1910 e 1912).

involuntários" costumam desencadear a mais violenta resistência, que pretende impedi-los de surgir. Porém, se dermos crédito ao nosso grande filósofo-poeta Friedrich Schiller, a condição para a produção poética também deve incluir uma atitude muito semelhante. Numa passagem de sua correspondência com Körner, cuja descoberta devo a Otto Rank, Schiller responde à queixa de seu amigo sobre sua escassa produtividade: "A razão de tua queixa, segundo me parece, se encontra na coação que o teu entendimento impõe à tua imaginação. Neste ponto, preciso esboçar um pensamento e lhe dar uma forma sensível por meio de uma imagem. Não parece bom, além de desvantajoso para as obras criativas da alma, quando o entendimento examina com demasiada severidade, já nos portões, por assim dizer, as ideias que chegam. Considerada isoladamente, uma ideia pode ser muito insignificante e muito excêntrica, mas talvez ela se torne importante por meio de outra que venha depois dela; talvez, numa certa ligação com outras ideias que talvez pareçam igualmente insípidas, ela possa resultar num elo bastante útil: o entendimento não pode julgar tudo isso se não conservá-la pelo tempo suficiente para vê-la em ligação com essas outras. Em compensação, numa cabeça criativa, me parece, o entendimento suspende a vigilância dos portões, as ideias entram de maneira desordenada e só então ele observa e avalia a multidão. Vocês, senhores críticos, ou seja lá como for que se chamem, têm medo ou vergonha da loucura momentânea e passageira que se encontra em todos os criadores típicos e cuja maior ou menor duração distingue o artista que pensa do homem que sonha. Daí as queixas de esterilidade, pois vocês rejeitam cedo demais e separam com rigor excessivo". (Carta de 1º de dezembro de 1788.)

E, no entanto, essa "suspensão da vigilância dos portões do entendimento", como a denomina Schiller, esse colocar-se no estado de auto-observação destituído de crítica, de forma alguma é difícil.

A maioria de meus pacientes é capaz de fazê-lo depois das primeiras instruções; eu mesmo consigo fazê-lo perfeitamente se, enquanto isso, anoto as ideias que me ocorrem. A quantia de energia psíquica que assim é subtraída à atividade crítica, e com a qual podemos elevar a intensidade da auto-observação, oscila consideravelmente conforme o tema em que se deve fixar a atenção.

O primeiro passo na aplicação desse procedimento ensina que não se deve tomar o sonho inteiro como objeto de atenção, mas apenas partes isoladas de seu conteúdo. Se eu perguntar ao paciente ainda sem prática o que lhe vem à mente acerca de um sonho, em geral ele não consegue apreender nada em seu campo de visão intelectual. Preciso lhe mostrar o sonho em partes, e então ele me apresenta uma série de ideias a propósito de cada parte, que podemos chamar de "pensamentos ocultos" dessa parcela onírica. Portanto, já nessa primeira e importante condição, o método por mim praticado se afasta do método popular, histórica e lendariamente famoso, da interpretação mediante o simbolismo, e se aproxima do segundo, o "método de decifração". Como este, ele é uma interpretação *en détail*, e não *en masse*; como este, ele toma o sonho desde o princípio como algo composto, como um conglomerado de formações psíquicas.

No curso de minhas psicanálises de neuróticos já interpretei talvez mais de mil sonhos, mas não gostaria de me servir desse material para introduzir a técnica e a teoria da interpretação dos sonhos. Deixando inteiramente de lado o fato de que me exporia à objeção de serem, afinal, sonhos de neuropatas, que não permitem tirar conclusões sobre os sonhos de pessoas saudáveis, há outro motivo que me obriga a rejeitá-los. O tema para o qual esses sonhos apontam sempre é, naturalmente, a história clínica que está na base da neurose. Isso exigiria para cada sonho uma informação preliminar muito longa, assim como um aprofundamento na natureza e nas condições etiológicas das psiconeuroses, coisas que no fundo são novas e surpreendentes num grau extremo e assim desviariam a atenção do problema do sonho. Minha intenção, ao contrário, é transformar a resolução dos sonhos em um trabalho preliminar para a exploração dos problemas mais difíceis da psicologia das neuroses. Porém, ao renunciar aos sonhos dos neuróticos, meu principal material, não posso ser tão exigente com o resto. Restam apenas aqueles sonhos que me foram contados ocasionalmente por pessoas saudáveis de minhas relações ou aqueles que encontrei registrados, como exemplos, na literatura sobre a vida onírica. Infelizmente, falta-me a análise de todos esses sonhos, sem a qual não posso encontrar o seu sentido. Meu procedimento, afinal, não é tão cômodo quanto o do método popular de decifração, que traduz o conteúdo onírico segundo uma chave fixa; estou preparado, ao contrário, para que o mesmo conteúdo onírico, para pessoas diferentes e em contextos diferentes, também possa ocultar um sentido diverso. Dessa forma, dependo de meus próprios sonhos como de um material abundante e cômodo que provém de uma pessoa mais ou menos normal e se refere a acontecimentos variados da vida cotidiana. Certamente haverá quem levante dúvidas sobre a confiabilidade dessas "autoanálises". A arbitrariedade, diriam, de forma alguma está excluída delas. Segundo meu juízo, as condições para a auto-observação são mais favoráveis do que para a observação de outras pessoas; em todo caso, é lícito experimentar até onde a autoanálise pode nos levar na interpretação dos sonhos. Tenho outras dificuldades a superar em meu próprio íntimo. Temos um receio compreensível de expor tantas coisas íntimas de nossa vida psíquica, além de saber que não estamos a salvo dos erros de interpretação alheios. Mas devemos ser capazes de superar isso. *"Tout psychologiste"*, escreve Delboeuf, *"est obligé de faire l'aveu même de ses faiblesses s'il croît par là jeter du jour sur quelque problème obscur."*[8] E também da parte do leitor, devo supor, o interesse inicial nas indiscrições que preciso cometer logo dará lugar ao aprofundamento exclusivo nos problemas psicológicos que assim são iluminados.[9]

---

8. "Todo psicólogo é obrigado a confessar inclusive as suas fraquezas se acredita lançar luz sobre algum problema obscuro." (N.T.)

9. De qualquer forma, não quero deixar de dizer, numa restrição do que afirmei acima, que quase nunca comuniquei a interpretação completa de meus sonhos. Provavelmente tive razão em não confiar muito na discrição do leitor.

Portanto, vou escolher um de meus próprios sonhos e explicar meu método de interpretação a partir dele. Cada um desses sonhos exige uma informação preliminar. Agora preciso pedir ao leitor que por um bom momento faça seus os meus interesses e mergulhe comigo nos mais ínfimos detalhes de minha vida, pois semelhante transferência é exigida de maneira imperiosa pelo interesse no significado oculto dos sonhos.

*Informação preliminar*

No verão de 1895, tratei psicanaliticamente uma jovem senhora ligada a mim e à minha família por estreitos laços de amizade. É compreensível que tal mistura de relações possa se tornar uma fonte de múltiplas inquietações para o médico, tanto mais para o psicoterapeuta. O interesse pessoal do médico é maior; sua autoridade, menor. Um fracasso ameaça afrouxar a antiga amizade com os familiares do paciente. O tratamento teve um êxito parcial; a paciente perdeu a sua angústia histérica, mas não todos os seus sintomas somáticos. Naquela ocasião, eu ainda não estava muito certo quanto aos critérios que indicam o desenlace definitivo de um histórico clínico de histeria, e exigi da paciente uma solução que não lhe pareceu aceitável. Nesse desacordo, interrompemos o tratamento por causa do verão. – Certo dia, recebi a visita de um colega mais jovem, um de meus amigos mais próximos, que tinha visitado a paciente – Irma – e sua família em sua casa de campo. Perguntei como a encontrara, e recebi a resposta de que ela estava melhor, mas não inteiramente boa. Sei que as palavras de meu amigo Otto, ou o tom em que foram ditas, me incomodaram. Acreditei perceber nelas uma censura, como se eu tivesse prometido demais à paciente, e – com ou sem razão – atribuí a suposta tomada de partido de Otto contra mim à influência dos familiares da paciente, que, como supunha, nunca tinham visto meu tratamento com bons olhos. De resto, minha sensação desagradável não me ficou clara, e também não lhe dei qualquer expressão. Na mesma noite ainda redigi o histórico clínico de Irma para, numa espécie de autojustificação, repassá-lo ao dr. M., um amigo comum, que na época era a personalidade que dava o tom em nosso círculo. Naquela noite (mais provavelmente ao amanhecer) tive o sonho que segue, anotado logo após o despertar.[10]

## *Sonho de 23-24 de julho de 1895*

*Um imenso salão – muitos convidados, que recepcionamos. – Entre eles, Irma, que logo chamo à parte para, de certa forma, responder sua carta e lhe fazer censuras por ainda não ter aceitado a "solução". Digo-lhe: Se você ainda sente dores, então é realmente apenas culpa sua. – Ela responde: Se você soubesse que dores eu sinto agora na garganta, no estômago e no abdômen; isso está me sufocando. – Eu me assusto e a examino. Ela tem uma aparência pálida e inchada; penso que, no fim das contas, estou desconsiderando algo orgânico. Eu a levo até a janela e examino sua garganta. Ela demonstra alguma resistência, como fazem as mulheres que usam dentadura. Penso*

---
10. Esse foi o primeiro sonho que submeti a uma interpretação detalhada.

*que ela não precisa agir assim. – Mas a boca se abre com facilidade, e à direita encontro uma grande mancha branca, e noutra parte, sobre estranhas estruturas curvas que imitam de maneira evidente os cornetos nasais, vejo amplas crostas cinza-esbranquiçadas. – Chamo depressa o dr. M., que repete o exame e o confirma... A aparência do dr. M. é muito diferente da habitual; ele está bastante pálido, manca, está sem barba no queixo... E então meu amigo* Otto *também está ao lado dela, e meu amigo* Leopold *a percute sobre o corpete, diz que ela tem uma região surda embaixo, à esquerda, e também aponta para uma parte da pele do ombro esquerdo que está infiltrada (o que, assim como ele, também sinto, apesar do vestido)... M. diz: Não há dúvida, é uma infecção, mas sem importância; ainda virá uma disenteria e a toxina será eliminada... Também sabemos de imediato a origem da infecção. Pouco tempo atrás, quando ela estava se sentindo mal, meu amigo* Otto *lhe aplicou uma injeção de um preparado de propil, propileno... ácido propiônico... trimetilamina (cuja fórmula vejo em negrito diante de mim)... Não se fazem essas injeções tão levianamente... É provável que a seringa também não estivesse limpa.*

Esse sonho tem uma vantagem em relação a muitos outros. Fica claro de imediato a que acontecimentos do dia anterior ele se liga e de que tema trata. A informação preliminar dá informações sobre isso. A notícia que recebi de Otto sobre o estado de Irma e o histórico clínico que fiquei escrevendo até tarde da noite ocuparam minha atividade psíquica também durante o sono. Apesar disso, ninguém que tivesse tomado conhecimento da informação preliminar e do conteúdo do sonho poderia imaginar o seu significado. Eu mesmo não o conheço. Espanto-me com os sintomas de que Irma se queixa, pois não são os mesmos de que a tratei. Sorrio da ideia absurda de uma injeção de ácido propiônico e do consolo oferecido pelo dr. M. Quando se aproxima do final, o sonho me parece mais obscuro e mais denso do que no começo. Para descobrir o significado de tudo isso, preciso me decidir a fazer uma análise minuciosa.

## Análise

*O salão – muitos convidados, que recepcionamos.* Passávamos aquele verão em Bellevue, uma casa isolada numa das colinas vizinhas ao Kahlenberg. Essa casa fora no passado destinada a ser um estabelecimento de recreio, daí os cômodos extraordinariamente altos e em forma de salão. O sonho também aconteceu em Bellevue, e para ser mais exato, poucos dias antes da festa de aniversário de minha mulher. Durante o dia ela tinha manifestado a expectativa de que vários amigos viriam ao seu aniversário e seriam nossos convidados, entre eles também Irma. Meu sonho, portanto, antecipa essa situação: é o aniversário de minha mulher, e muitas pessoas, entre elas Irma, são nossas convidadas e as recepcionamos no grande salão de Bellevue.

*Eu censuro Irma por não ter aceitado a solução; digo-lhe: Se você ainda sente dores, é por sua própria culpa.* Isso eu também poderia ter lhe dito, ou lhe disse, na vigília. Naquela época, minha opinião (que mais tarde reconheci incorreta) era de que minha tarefa se limitava a comunicar ao paciente o sentido oculto de seus sintomas; o fato de ele aceitar ou não essa solução, da qual depende o êxito do tratamento, não seria mais responsabilidade minha. Sou grato a esse erro, agora felizmente superado, por ter me aliviado a existência num momento em que, apesar de toda minha inevitável ignorância, se esperava que eu produzisse curas bem-sucedidas. – Na frase que digo a Irma no sonho, porém, observo que, sobretudo, eu não quero ser culpado pelas dores que ela ainda sente. Se a própria Irma é a culpada, então a culpa não pode ser minha. Será que o propósito do sonho deveria ser buscado nessa direção?

*As queixas de Irma; dores na garganta, no abdômen e no estômago; sufocações.* Dores de estômago pertenciam ao complexo sintomático de minha paciente, mas não eram muito fortes; ela se queixava mais de sensações de enjoo e náusea. Dores de garganta, no abdômen e sufocações mal desempenhavam um papel no seu caso. Fico surpreso por ter escolhido esses sintomas no sonho, e por enquanto também não conheço o motivo.

*Ela tem uma aparência pálida e inchada.* Minha paciente estava sempre corada. Suponho que nesse ponto uma outra pessoa a substitua.

*Eu me assusto ao pensar que, no fim das contas, desconsiderei uma afecção orgânica.* Ninguém duvidará que esse seja um medo constante do especialista que atende quase exclusivamente neuróticos e está acostumado a atribuir à histeria tantos sintomas que os outros médicos tratam como orgânicos. Por outro lado, se apodera de mim – vinda não sei de onde – uma ligeira dúvida de que meu susto não é inteiramente sincero. Se as dores de Irma têm um fundamento orgânico, então não tenho obrigação de curá-la. Afinal, meu tratamento elimina apenas dores histéricas. Parece-me, portanto, que eu desejaria um erro de diagnóstico; então a censura pelo fracasso também estaria eliminada.

*Eu a levo até a janela para examinar sua garganta. Ela resiste um pouco, como fazem as mulheres que usam dentadura. Penso que ela não precisa agir assim.* No caso de Irma, nunca tive ocasião de inspecionar sua cavidade bucal.

O ocorrido no sonho me lembra o exame feito há algum tempo em uma governanta, que, de início, dava a impressão de beleza juvenil, mas, ao abrir a boca, tomou diversas providências para esconder a dentadura. A esse caso, relacionam-se outras lembranças de exames médicos e de pequenos segredos que eles revelaram, para desagrado de ambas as partes. – *Ela não precisa agir assim*: em primeiro lugar, é um cumprimento para Irma; suspeito, porém, que haja também outro significado. Numa análise atenta, sentimos se esgotamos ou não os pensamentos ocultos que caberia esperar. A maneira de Irma ficar parada junto à janela me lembra de súbito outra experiência. Irma possui uma amiga íntima que tenho em alta conta. Quando a visito certo dia à tardinha, encontro-a junto à janela na mesma posição reproduzida no sonho, e seu médico, o mesmo dr. M., explicou que ela tinha uma placa difterítica. A pessoa do dr. M. e a placa retornam no curso do sonho. Agora me ocorre que nos últimos meses tive todos os motivos para supor que essa outra senhora também seja histérica. A própria Irma me revelou isso. Mas o que sei de seu estado? Precisamente o fato de que sofre de sufocações histéricas, tal como Irma no sonho. Portanto, no sonho eu substitui minha paciente por sua amiga. Agora me lembro de que várias vezes brinquei com a hipótese de que essa senhora também pudesse recorrer a mim para livrá-la de seus sintomas histéricos. Mas julguei isso improvável, pois ela é de índole muito reservada. Ela *resiste*, como mostra o sonho. Outra explicação seria a *de que ela não tem necessidade disso*; até agora, ela realmente se mostrou forte o bastante para controlar seu estado sem ajuda alheia. Restam apenas alguns traços, que não posso atribuir nem a Irma nem à sua amiga: *pálida, inchada, dentes postiços*. Os dentes postiços me levaram àquela governanta; agora me sinto inclinado a me contentar com dentes *ruins*. Então me ocorre outra pessoa à qual esses traços poderiam aludir. Ela também não é minha paciente, e eu não gostaria que fosse, pois observei que ela se envergonha diante de mim e não a considero uma paciente dócil. Ela está quase sempre pálida, e quando certa vez passava por uma fase especialmente boa, estava inchada.[11] Portanto, comparei minha paciente Irma com duas outras pessoas que resistiriam da mesma forma ao tratamento. Que sentido pode haver no fato de que no sonho a troquei por sua amiga? Talvez o fato de que eu gostaria de trocá-la; ou a outra desperta simpatias mais fortes em mim, ou tenho uma opinião mais elevada de sua inteligência. É que considero Irma tola por não aceitar minha solução. A outra seria mais inteligente e, portanto, cederia com maior facilidade. *A boca se abre facilmente*; ela contaria mais coisas do que Irma.[12]

*O que vejo na garganta: uma mancha branca e cornetos nasais recobertos por uma crosta.*

---

11. A queixa de *dores no abdômen*, ainda não explicada, também pode ser atribuída a essa terceira pessoa. Trata-se, naturalmente, de minha própria mulher; as dores no abdômen me fazem lembrar uma das ocasiões em que sua timidez se tornou clara para mim. Tenho de confessar a mim mesmo que nesse sonho não sou muito amável com Irma e com minha mulher, porém observo para me desculpar que meço ambas pelo ideal da paciente dócil e bem-comportada.

12. Suspeito que a interpretação desse trecho não foi longe o bastante para seguir todo o sentido oculto. Se quisesse continuar a comparação entre as três mulheres, eu iria longe. – Todo sonho tem pelo menos um ponto em que é insondável, um umbigo, por assim dizer, que o liga ao desconhecido.

A mancha branca lembra difterite, e, assim, a amiga de Irma, mas também a doença grave de minha filha mais velha há mais ou menos dois anos, bem como todos os sobressaltos daqueles tempos difíceis. As crostas nos cornetos nasais fazem lembrar uma preocupação com minha própria saúde. Naquela época, eu fazia uso frequente de cocaína para controlar incômodos inchaços nasais e soubera poucos dias antes que uma paciente que fazia como eu desenvolvera uma extensa necrose da mucosa nasal. A recomendação do uso de cocaína, que eu fizera em 1884, também me rendera sérias recriminações. Um caro amigo, já falecido em 1895, acelerou o seu fim ao abusar dessa droga.[13]

*Chamo depressa o dr. M., que repete o exame.* Isso simplesmente corresponde à posição que M. assumiu entre nós. Mas o *depressa* é chamativo o bastante para exigir uma explicação especial. Ele me lembra um triste acontecimento médico. Certa vez, devido à prescrição continuada de uma droga que na época ainda era considerada inofensiva (sulfonal), eu pro-

---
13. Ernst Fleischl von Marxow (1846-1891). (N.R.)

duzira uma grave intoxicação numa paciente, recorrendo depressa ao colega mais velho e mais experiente em busca de auxílio. Uma circunstância acessória confirma que tenho realmente esse caso em vista. A paciente que sucumbiu à intoxicação tinha o mesmo nome de minha filha mais velha. Jamais tinha pensado nisso até o momento; agora quase me parece uma vingança do destino. Como se a substituição de pessoas devesse prosseguir num outro sentido; esta Mathilde por aquela; olho por olho, dente por dente. É como se eu procurasse todas as ocasiões pelas quais pudesse me censurar por falta de probidade médica.

*O dr. M. está pálido, sem barba no queixo e manca.* O que está correto nisso é que sua má aparência desperta constantes preocupações em seus amigos. As duas outras características devem pertencer a outra pessoa. Lembro-me de meu irmão mais velho, residente no exterior, que não usa barba no queixo e, se bem me lembro, se parece em tudo com o M. do sonho. Alguns dias atrás recebi a notícia de que ele está mancando devido a uma enfermidade artrítica nos quadris. Deve haver uma razão para que no sonho eu funda as duas pessoas numa só. Lembro-me, de fato, que eu estava indisposto com ambos por razões parecidas. Ambos rejeitaram certa proposta que lhes fiz recentemente.

*Agora meu amigo Otto está ao lado da paciente, meu amigo Leopold a examina e indica uma região surda embaixo, à esquerda.* Meu amigo Leopold, parente de Otto, também é médico. Visto que exercem a mesma especialidade, o destino os transformou em concorrentes que as pessoas comparam sem cessar. Durante anos, os dois me assistiram quando eu ainda dirigia um consultório público que atendia crianças com doenças nervosas. Cenas como a reproduzida no sonho ocorreram muitas vezes ali. Enquanto eu debatia com Otto acerca do diagnóstico de um caso, Leopold tinha examinado a criança outra vez e apresentado uma colaboração inesperada para resolvê-lo. Havia entre eles uma diferença de caráter semelhante à existente entre o inspetor Bräsig e seu amigo Karl.[14] O primeiro se

---

14. Protagonistas de um romance autobiográfico de Fritz Reuter (1810-1874). (N.T.)

distinguia pela "ligeireza", o outro era lento e ponderado, porém consciencioso. Se no sonho comparo Otto e o cauteloso Leopold, tal acontece de maneira evidente para elogiar este último. É uma comparação semelhante àquela feita acima entre a indócil paciente Irma e sua amiga considerada mais inteligente. Agora também noto uma das vias pelas quais a ligação de pensamentos se desloca no sonho: da criança doente ao hospital infantil. – *A região surda embaixo, à esquerda* me dá a impressão de corresponder em todos os detalhes a um caso particular em que Leopold me surpreendeu por sua meticulosidade. Além disso, penso em algo como uma afecção metastática, mas isso também poderia ser uma relação com a paciente que eu gostaria de ter no lugar de Irma. É que essa senhora, até onde pude ver, imita uma tuberculose.

*Uma parte da pele do ombro esquerdo que está infiltrada.* Sei de imediato que se trata de meu próprio reumatismo no ombro, que percebo sempre que fico acordado até altas horas da noite. Além disso, as palavras no sonho são ambíguas: *o que, assim como ele, também sinto.*

Sinto em meu próprio corpo, entenda-se. De resto, me ocorre como soa incomum a indicação "uma parte da pele que está infiltrada". Estamos acostumados à "infiltração atrás, em cima, à esquerda"; ela se refere ao pulmão e, assim, outra vez à tuberculose.

*Apesar do vestido.* Isso com certeza é apenas uma intercalação. Naturalmente, no hospital infantil examinávamos as crianças despidas; trata-se de algum tipo de oposição ao modo de examinar pacientes adultas. Costumava-se contar de um clínico eminente que sempre fazia o exame físico de suas pacientes através das roupas. O resto é obscuro para mim; falando francamente, não tenho nenhuma inclinação a me aprofundar neste ponto.

*O dr. M. diz que é uma infecção, mas sem importância. Ainda virá uma disenteria e a toxina será eliminada.* De início, isso me parece ridículo, mas, como todo o resto, precisa ser analisado com cuidado. Visto mais de perto, acaba mostrando uma espécie de sentido. O que encontrei na paciente foi uma difterite local. Recordo-me que na época do adoecimento de minha filha houve uma discussão sobre difterite e difteria. Esta é a infecção generalizada que se origina da difterite local. Leopold indica uma infecção geral desse tipo por meio da região surda, que, portanto, permite pensar num foco metastático. Acredito, na verdade, que precisamente na difteria essas metástases não ocorrem. Elas me fazem lembrar, antes, uma piemia.

*Sem importância* é um consolo. Penso que se encaixa da seguinte maneira: a última parte do sonho trouxe o conteúdo de que as dores da paciente provêm de uma grave afecção orgânica. Desconfio que também com isso eu só queira me livrar da culpa. O tratamento psíquico não pode ser responsabilizado pela continuidade de dores diftéricas. No entanto, agora me envergonho de atribuir uma doença tão grave a Irma única e exclusivamente para me aliviar. Parece cruel demais. Preciso, portanto, da garantia de um bom desfecho, e não parece má escolha colocar o consolo justamente na boca do dr. M. Porém, neste ponto me mostro superior ao sonho, o que necessita de explicação.

Contudo, por que esse consolo é tão absurdo?

*Disenteria*: uma remota representação teórica qualquer de que substâncias patogênicas podem ser eliminadas pelo intestino. Será que quero zombar da abundância de explicações pouco convincentes e de estranhas associações patológicas do dr. M.? Ainda me ocorre outra coisa sobre a disenteria. Meses atrás recebi um jovem que apresentava estranhas dores ao evacuar e que outros colegas haviam tratado como um caso de "anemia acompanhada de subnutrição". Reconheci se tratar de uma histeria, não quis experimentar minha psicoterapia nele e o mandei fazer uma viagem marítima. Dias atrás recebi uma carta dele, desesperada, do Egito, onde ele sofrera um novo ataque que o médico declarara se tratar de disenteria. Suspeito que o diagnóstico seja apenas um erro do colega ignorante que se deixa fazer de bobo pela histeria; porém, não pude me poupar recriminações por ter colocado o paciente na situação de contrair uma afecção intestinal orgânica quando já tinha uma histérica. Além disso, disenteria lembra difteria, palavra que não é mencionada no sonho.

Com o prognóstico consolador de que ainda virá uma disenteria etc. devo realmente ter zombado do dr. M., pois me lembro que certa vez, anos atrás, ele contou rindo algo muito parecido de um colega. Ele fora consultado por esse colega a propósito de um paciente gravemente doente, e foi levado a advertir o outro, que parecia muito esperançoso, de que encontrara albumina na urina do paciente. O colega não se deixou desconcertar, mas respondeu tranquilo: *Não tem importância*, caro colega, *o* albumina logo será *excretado!* – Não tenho mais dúvidas, portanto, de que essa parte do sonho contém uma ridicularização dos colegas que ignoram a histeria. Como que para confirmar isso, me passa agora pela cabeça a seguinte pergunta: será que o dr. M. sabe que os sintomas de sua paciente, a amiga de Irma, que fazem temer uma tuberculose, também se devem à histeria? Será que ele reconheceu essa histeria ou se deixou "tapear" por ela?

Porém, que motivo eu poderia ter para tratar tão mal a esse amigo? É muito simples: o dr. M. está tão pouco de acordo com a "solução" que sugeri a Irma quanto ela própria. Nesse sonho, portanto, já me vinguei de duas pessoas; de Irma, dizendo-lhe que se ela ainda tem dores a culpa é dela, e do dr. M., ao colocar em sua boca as absurdas palavras de consolo.

*Sabemos de imediato a origem da infecção.* Esse conhecimento imediato no sonho é curioso. Pouco antes nada sabíamos, visto que a infecção foi indicada apenas por Leopold.

*Quando ela estava se sentindo mal, meu amigo Otto lhe aplicou uma injeção.* Otto realmente contou que durante o breve intervalo que ficara na casa da família de Irma fora chamado ao hotel vizinho para aplicar uma injeção em alguém que de repente se sentira mal. As injeções me recordam outra vez o infeliz amigo que se intoxicou com cocaína. Eu lhe recomendara a droga apenas para uso interno enquanto ele se desintoxicava da morfina, porém ele imediatamente se aplicou injeções de cocaína.

*Um preparado de propil... propileno... ácido propiônico.* Como cheguei a isso, afinal? Na mesma noite em que redigi o histórico clínico e em que tive o sonho, minha mulher abrira uma garrafa de licor em cujo rótulo constava a palavra *Ananás*[15] e que fora um presente de nosso amigo Otto. Ele tinha o hábito de dar presentes em todas as ocasiões possíveis; tomara que um dia uma mulher o cure disso.[16] Esse licor exalava um cheiro tão forte de álcool amílico que me recusei a prová-lo. Minha mulher sugeriu que déssemos a garrafa de presente aos empregados, e eu, ainda mais cauteloso, impedi isso com a observação filantrópica de que eles também não deveriam se envenenar. O cheiro de álcool amílico (amil...) evidentemente despertou em mim a lembrança de toda a série (propil, metil etc.) que forneceu ao sonho os preparados de propileno. Com certeza fiz uma substituição; sonhei com propil depois de sentir o cheiro de amil, mas substituições desse tipo talvez sejam autorizadas mesmo na química orgânica.

---

15. Essa palavra, aliás, tem uma semelhança notável com o sobrenome de minha paciente Irma.

16. Nesse aspecto, o sonho não se mostrou profético. Ele acertou em outro sentido, pois as dores de estômago "não solucionadas" de minha paciente, pelas quais eu não queria ser culpado, foram as precursoras de uma grave formação de cálculos biliares.

*Trimetilamina.* Vejo a fórmula química dessa substância no sonho, o que em todo caso atesta um grande esforço de minha memória, e na verdade essa fórmula está impressa em negrito, como se algo especialmente importante devesse ser destacado do contexto. A que me leva a trimetilamina, à qual minha atenção fora chamada dessa maneira? A uma conversa com outro amigo, que há anos sabe de todos os meus trabalhos quando ainda estão germinando, assim como sei dos seus. Naquela ocasião, ele me comunicara certas ideias acerca de uma química sexual, mencionando, entre outras coisas, que acreditava reconhecer na trimetilamina um dos produtos do metabolismo sexual. Essa substância me leva assim à sexualidade, àquele fator ao qual atribuo a maior importância para a origem das afecções nervosas que pretendo curar. Minha paciente Irma é uma jovem viúva; se me empenho em me desculpar pelo fracasso de seu tratamento, o melhor que posso fazer é invocar esse fato, que seus amigos bem gostariam de mudar. De resto, como é notável a composição de um sonho desses! A outra mulher que tenho no sonho como paciente em lugar de Irma também é uma jovem viúva.

Suspeito por que a fórmula da trimetilamina ocupa tanto espaço no sonho. Muitas coisas importantes se reúnem nessa palavra: a trimetilamina não é apenas uma alusão ao fator preponderante da sexualidade, mas também a uma pessoa cujo apoio lembro com satisfação quando me sinto abandonado com minhas opiniões. Não deveria esse amigo, que representa um papel tão grande em minha vida, reaparecer na concatenação de pensamentos do sonho? É claro que sim; ele é um grande conhecedor dos efeitos das afecções do nariz e de suas cavidades secundárias, e revelou à ciência algumas relações altamente notáveis entre os cornetos nasais e os órgãos sexuais femininos. (As três estruturas curvas na garganta de Irma.) Pedi-lhe que examinasse Irma para verificar se suas dores de estômago talvez tivessem origem nasal. Ele próprio, porém, sofre de abscessos nasais que me deixam preocupado, e a piemia, na qual penso em função das metástases no sonho, deve aludir a isso.

*Não se fazem essas injeções de maneira tão leviana.* Aqui a censura de leviandade é lançada diretamente sobre meu amigo Otto. Acredito que à tarde pensei algo semelhante quando ele pareceu atestar sua tomada de partido contra mim por meio de suas palavras e de seu olhar. Foi algo como: com que facilidade ele se deixa influenciar; com que leviandade emite seus juízos. – Além disso, a frase acima volta a aludir ao amigo falecido, que se decidiu tão rápido a tomar injeções de cocaína. Como já disse, eu de forma alguma tinha injeções dessa droga em vista. Com a censura que faço a Otto por lidar levianamente com substâncias químicas, observo que volto a tocar na história daquela infeliz Mathilde, história da qual resulta a mesma censura contra mim. É manifesto que reúno aqui exemplos de minha conscienciosidade, mas também do contrário.

*É provável que a seringa também não estivesse limpa.* Mais uma censura a Otto, embora tenha outra origem. Ontem encontrei por acaso o filho de uma senhora de 82 anos a quem preciso aplicar diariamente duas injeções de morfina. No momento ela está no campo e, segundo soube, sofre de uma flebite. Logo pensei se tratar de uma infiltração causada por uma seringa contaminada. Orgulho-me de, em dois anos, não lhe ter provocado nenhuma infiltração; minha preocupação constante é manter a seringa limpa. É que sou consciencioso. A flebite me leva outra vez à minha mulher, que durante uma de suas gestações sofreu de congestões venosas, e agora também me vêm à memória três situações parecidas envolvendo minha mulher, Irma e a falecida Mathilde, situações cuja identidade evidentemente me deu razão para substituir as três pessoas entre si.

Completei a interpretação do sonho.[17] Durante esse trabalho, me esforcei por me precaver contra todas as ideias que deviam ser provocadas pela comparação entre o conteúdo do sonho e os pensamentos oníricos ocultos por trás dele. Nesse meio-tempo, também compreendi o "sentido" do sonho. Observei

---

17. Embora, como é compreensível, não tenha comunicado tudo o que me veio à mente durante o trabalho de interpretação.

um propósito que foi realizado pelo sonho e que deve ter sido o seu motivo. O sonho realiza alguns desejos que foram despertados em mim pelos acontecimentos da noite anterior (a notícia de Otto, a redação do histórico clínico). O resultado do sonho é que não sou culpado pelas dores que Irma ainda sente, mas que a culpa é de Otto. Ele me irritou com seu comentário sobre a cura incompleta de Irma, e o sonho me vinga dele ao voltar a censura contra o próprio Otto. O sonho me absolve da responsabilidade pelo estado de Irma ao atribuí-lo a outros fatores (toda uma série de motivações). O sonho apresenta um certo estado de coisas tal como eu poderia desejá-lo; *seu conteúdo, portanto, é uma realização de desejo, e seu motivo, um desejo.*

Tudo isso salta aos olhos. Contudo, também há muitos detalhes do sonho que se tornam compreensíveis sob o ponto de vista da realização de desejo. Não me vingo de Otto apenas por sua precipitação em tomar partido contra mim, atribuindo-lhe uma ação médica precipitada (a injeção), mas também me vingo dele pelo péssimo licor com cheiro de álcool amílico, encontrando no sonho uma expressão que une as duas recriminações: a injeção com um preparado de propileno. Ainda não estou satisfeito, mas prossigo minha vingança ao lhe contrapor o seu concorrente, mais confiável. Com isso pareço dizer: gosto mais dele do que de ti. Porém, Otto não é o único a sentir o peso de minha ira. Também me vingo da paciente rebelde ao trocá-la por uma mais inteligente, mais dócil. Também não deixo passar a oposição do dr. M., mas, numa alusão clara, lhe expresso minha opinião de que ele trata o assunto como um ignorante ("*Virá uma disenteria* etc."). Sim, me parece que lhe dou as costas e apelo a alguém com maiores conhecimentos (meu amigo que me falou da trimetilamina), da mesma forma que me voltei de Irma à sua amiga, de Otto a Leopold. Tirem essas pessoas daqui, troquem-nas por outras três de minha escolha, assim estarei livre das censuras que acredito não merecer! A própria falta de fundamento dessas censuras me é demonstrada no sonho da maneira mais minuciosa. As dores de Irma não são de minha conta, pois ela própria é culpada delas ao se recusar a aceitar minha solução. As dores de Irma não me dizem respeito, pois são de natureza orgânica, de modo algum curáveis por um tratamento psíquico. A doença de Irma se explica satisfatoriamente por sua viuvez (trimetilamina!), situação que afinal não posso mudar. A doença de Irma foi causada por uma injeção imprudente de Otto com uma substância inapropriada, algo que eu jamais teria feito. A doença de Irma se deve a uma injeção feita com uma seringa suja, tal como a flebite da velha senhora, enquanto eu jamais faço algo errado quando aplico injeções. Observo, é verdade, que essas explicações para a doença de Irma, que coincidem em me aliviar, não concordam entre si, inclusive se excluem. Todo esse discurso de defesa – esse sonho não é outra coisa – lembra vivamente a defesa daquele homem que foi acusado por seu vizinho de lhe ter devolvido uma chaleira em mau estado. Em primeiro lugar, ele a devolveu intacta; em segundo, a chaleira já tinha furos quando a tomou emprestada; e em terceiro, ele jamais emprestou uma chaleira do vizinho. Tanto melhor assim; se apenas uma dessas defesas for reconhecida como válida, o homem deverá ser absolvido.

Ainda entram no sonho outros temas cuja relação com meu desencargo da doença de Irma não é tão transparente: a doença de minha filha e a de uma paciente de mesmo nome, a nocividade da cocaína, a afecção de meu paciente que viaja pelo Egito, a preocupação com a saúde de minha mulher, de meu irmão e do dr. M., meus próprios achaques corporais e a preocupação com o amigo ausente que sofre de abscessos nasais. Contudo, ao considerar o conjunto desses elementos, eles se unem num único grupo de ideias que poderia ter o seguinte rótulo: preocupações com a saúde, própria e alheia, probidade médica. Recordo-me de uma sensação desagradável e confusa quando Otto me trouxe a notícia do estado de Irma. A partir do grupo de ideias que entra em jogo no sonho, eu gostaria de acrescentar *a posteriori* a expressão para essa sensação fugaz. É como se ele tivesse me dito: "Não levas tuas obrigações médicas suficientemente a sério, não és consciencioso, não cumpres tuas promessas". Em consequência disso, teria se colocado à minha disposição o referido grupo de ideias, de maneira que eu pudesse demonstrar o alto grau de minha probidade, o quanto me importa a saúde de meus parentes, amigos e pacientes. Notavelmente, esse material também inclui lembranças dolorosas que falam mais a favor da acusação que atribuo a meu amigo Otto do que a favor de minha inocência. O material é imparcial, por assim dizer, mas há um nexo inequívoco entre esse material mais amplo em que o sonho se apoia e o tema mais restrito do sonho, tema do qual resultou o desejo de ser inocente da doença de Irma.

Não quero afirmar que descobri o sentido completo desse sonho, que sua interpretação não tenha deixado lacunas.

Eu ainda poderia me deter muito tempo nele, extrair mais explicações dele e discutir novos enigmas que ele coloca. Eu mesmo conheço os pontos a partir dos quais se pode seguir outros nexos de pensamento; porém, escrúpulos que entram em consideração quando se trata de nossos próprios sonhos me impedem de fazer o trabalho de interpretação. Quem estiver pronto a me criticar por semelhante reserva, que tente ser mais franco do que eu. Contento-me, por enquanto, com o novo conhecimento obtido: se seguirmos o método de interpretação de sonhos aqui mostrado, descobriremos que o sonho realmente tem um sentido e de forma alguma é a expressão de uma atividade cerebral fragmentada, como querem os autores. *Depois de completado o trabalho de interpretação, o sonho se revela como uma realização de desejo.*

## Colaboradores desta edição:

Renato Zwick é bacharel em filosofia pela Unijuí e mestrando em letras (língua e literatura alemã) pela USP. É tradutor de Nietzsche (*O anticristo*, L&PM, 2008; *Crepúsculo dos ídolos*, L&PM, 2009; e *Além do bem e do mal*, L&PM, 2008), de Rilke (*Os cadernos de Malte Laurids Brigge*, L&PM, 2009), de Freud (*O futuro de uma ilusão*, L&PM, 2010; *O mal-estar na cultura*, L&PM, 2010; *A interpretação dos sonhos*, L&PM, 2012) e de Karl Kraus (*Aforismos*, Arquipélago, 2010), e cotradutor de Thomas Mann (*Ouvintes alemães!: discursos contra Hitler (1940-1945)*, Jorge Zahar, 2009).

Tania Rivera é psicanalista, ensaísta e professora da Universidade Federal Fluminense. Pesquisadora do CNPq e autora de *Cinema, imagem e psicanálise* (2008), *Guimarães Rosa e a psicanálise – Ensaios entre imagem e escrita* (2005) e *Arte e psicanálise* (2002), todos pela editora Jorge Zahar. Dirigiu os vídeo-ensaios *Ensaio sobre o sujeito na arte contemporânea brasileira* (2010), *Imagem se faz com imagens* (2010) e *Who Drives ou o Olhar outro* (2008).

Paulo Endo é psicanalista e professor do Instituto de Psicologia da USP, com mestrado pela PUC-SP, doutorado pelo Instituto de Psicologia da USP e pós-doutorado pelo Centro Brasileiro de Análise e Planejamento/CAPES. É coordenador do grupo Psicanálise, Teoria Política e Psicologia Social (DIVERSITAS/FFLCH-USP) e pesquisador do grupo de trabalho Psicanálise, Política e Cultura da Associação Nacional de Pesquisa e Pós-Graduação em Psicologia e do laboratório e do grupo de pesquisa em Psicanálise, Arte e Política (LAPAP/UFRGS). É membro da cátedra USP/UNESCO de Educação para a Paz, Direitos Humanos, Democracia e Tolerância e do Comitê Nacional de Prevenção e Combate à Tortura e à Violência Institucional. É autor de dezenas de artigos em revistas científicas e organizador de diversos livros e coletâneas, entre eles *A violência no coração da cidade* (Escuta/Fapesp, 2005; prêmio Jabuti

2006) e *Sigmund Freud* (com Edson Sousa; L&PM, 2009).

EDSON SOUSA é psicanalista, membro da Associação Psicanalítica de Porto Alegre. É formado em psicologia pela PUC-RS, com mestrado e doutorado pela Universidade de Paris VII, e pós-doutorado pela Universidade de Paris VII e pela École des Hautes Études en Sciences Sociales de Paris. Pesquisador do CNPq, leciona nas pós-graduações em Psicologia Social e em Artes Visuais da UFRGS, onde coordena, com Maria Cristina Poli, o Laboratório de Pesquisa em Psicanálise, Arte e Política. É autor de *Freud* (Abril, 2005), *Uma invenção da utopia* (Lumme, 2007) e *Sigmund Freud* (com Paulo Endo; L&PM, 2009), além de organizador de *Psicanálise e colonização* (Artes e Ofícios, 1999) e *A invenção da vida* (com Elida Tessler e Abrão Slavutzky; Artes e Ofícios, 2001).

IMPRESSÃO:

Santa Maria - RS - Fone/Fax: (55) 3220.4500
**www.pallotti.com.br**